Die Textspione

Sabine Stehr

Leseheft

Freundschaften auf der Spur

Freundschaften auf der Spur
Leseförderung in Klasse 3/4

Bestell-Nr. 1400-61
ISBN 978-3-619-14061-9

Auflage 4 3 2 1
Jahr 2013 2012 2011 2010

www.mildenberger-verlag.de
E-Mail: info@mildenberger-verlag.de

Autorin: Sabine Stehr
Illustrationen: Sylvia Nitsche
Druck: Appel & Klinger GmbH, 96317 Kronach
Gedruckt auf umweltfreundlichen Papieren

Inhaltsverzeichnis

LAURA

Hallo Spion-Anwärter,

hier sind viele kniffelige Spionage-Aufträge für euch. Ihr müsst schwindelfrei, wasserfest und clever sein, um sie zu lösen. Es gibt Lagepläne und Abbildungen, auf denen jede Kleinigkeit wichtig ist. Deswegen ist die **Textspion-Lupe** eine super Hilfe.

In manchen Fällen gibt es Fehler im Bild zu entdecken.
Findet sie und kreuzt sie auf den Arbeitsblättern an.

In euer Logbuch tragt ihr alle gelösten Fälle ein. Wenn ihr euch zum Schluss bestens mit Tigern, Haien, Geistern, Karate-Kitty, den Blutsschwestern und vielen anderen auskennt, werdet ihr zum **Top-Textspion** ernannt und erhaltet eine Urkunde.

Übrigens: Die Lösung im Fall Brieffreundschaft ist eine echte E-Mail-Adresse. Wenn ihr an diese Adresse schreibt, nehmt ihr direkt Kontakt mit uns auf. Wir sind gespannt!

Viel Spaß beim Lesen, Tüfteln und Ausspionieren wünschen euch eure

Textspione

Ein Hauptquartier für Schnüffelnasen

Selina, Mia und Rike sind nicht nur die dicksten Freundinnen, sie sind auch erstklassige Detektive. Jeden Nachmittag nach der Schule lösen sie kniffelige Fälle. Was den Mädchen jetzt noch fehlt, ist ein Hauptquartier. Ein geheimes und gut verstecktes. So eins wollen sie heute finden.

Für die Suche hat Selina extra einen Schokoladenkuchen gebacken. Denn selbst der beste Detektiv der Welt ist mit leerem Magen eine Niete.

Den Kuchen stellt sie zum Auskühlen vor die Tür ihres roten Backsteinhauses in der Kirschbaumstraße. Als Mia und Rike bei Selina klingeln, ist er jedoch verschwunden. Spurlos? Nicht ganz, denn der Dieb hat auf seinem Weg Krümel hinterlassen.

„Ein Fall für echte Schnüffelnasen!", ruft Mia und nimmt sofort die Fährte auf. „Vermutlich ein blutiger Anfänger!"

Die Mädchen folgen den Schokokrümeln, bis sich die Spur verliert. Doch da, an der alten Kastanie, hängt ein Zettel. Darauf steht:

„Schnüffelnasen! Lauft nach links, um mich zu finden. Geht zu Frau Töpfer. Im Schafstall neben ihrem Haus findet ihr den nächsten Hinweis!"

„Doch eher ein ausgekochtes Schlitzohr", meint Selina.

Die Detektivinnen laufen zum letzten Haus in der Straße. Rike klettert über den Gartenzaun. Sie holt einen Umschlag aus dem Unterschlupf der Schafe, öffnet ihn und liest die Nachricht des Diebes laut vor:

„Beeilt euch, sonst ist der Kuchen futsch! Lauft am Wald hinter Frau Töpfers Haus entlang. Am Fluss müsst ihr über die Brücke. In der zweiten Straße rechts findet ihr einen weiteren Tipp."

„Dem werden wir das Handwerk legen!", ruft Selina und rennt. Sie hat keine Lust, sich den Kuchen von einem Dieb wegfuttern zu lassen.

In der zweiten Straße rechts ist ein Pfeil auf den Boden gemalt. Er zeigt geradeaus, der nächste Pfeil zeigt nach links. Da sind auch noch andere Pfeile, aber die Mädchen lassen sich nicht in die Irre führen. Ihr Täter hat mit Kreide gemalt, das wissen sie. Alle anderen Pfeile beachten sie einfach nicht. Und das ist gut so, denn die Kreidezeichen führen zum Ziel. Der letzte Pfeil, der dickste und längste von allen, zeigt direkt auf das Versteck des Diebes.

„Du?", ruft Selina und schaut ihren Bruder Kevin, der dort sitzt, grimmig an.

„Mecker nicht!", erwidert Kevin, „der Kuchen war nur ein Köder, um euch in unser neues Hauptquartier zu locken. Was sagt ihr dazu?"

„Du gehörst doch gar nicht zu uns!", antwortet Selina.

Kevin guckt enttäuscht.

„Das ist unfair! Nie darf ich mitmachen", sagt er sauer.

„Wieso eigentlich nicht?", fragt Mia, „Kevin hat bewiesen, dass er ein Schlitzohr ist. Wir könnten ihn gut gebrauchen".

„Außerdem hat er diese Zentrale entdeckt", meint Rike.

Dagegen kann auch Selina nichts mehr sagen. Kevin wird kurzerhand zur Schnüffelnase ernannt. Und zur Feier des Tages gibt es Schokoladenkuchen im neuen Hauptquartier.

ANGLERBEDARF
ZOTTEL
JAN
LENNY
KONSTANTIN

Das Mega-Seifenkisten-Rennen

Jan ist ganz aufgeregt. Überall in der Stadt hängen Plakate vom Mega-Seifenkisten-Rennen.

„Baut einen eigenen Flitzer! Meldet euch für die Rallye auf dem Teufelsberg an!" So steht es auf dem Aushang.

Einmal Rennfahrer sein, das ist Jans größter Traum. Sein Hund Zottel bellt und springt schwanzwedelnd am Plakat hoch. Einmal Rennfahrerhund sein, das ist auch Zottels größter Traum.

Bei dieser Rallye muss er unbedingt mitmachen, beschließt Jan, und sofort wirbeln tausend Ideen durch seinen Kopf. Ideen für den schnellsten Wagen aller Zeiten: den Turbo-Düsen-Flitzer 9000. Alles, was er benötigt, ist Holz, Leim, Reifen, Farbe und ein guter Freund, der ihm hilft: Ole. Zusammen mit ihm wird der Sieg ein Kinderspiel.

Am Nachmittag auf dem Waldspielplatz weiht Jan seinen Freund in die Pläne ein. Ole ist gleich Feuer und Flamme. Doch plötzlich taucht Lenny auf. Im Schlepptau hat er wie immer die Radau-Brüder Kai und Konstantin.

„Ihr habt keine Chance!", rufen sie, „wir haben eine Spezialsäge. Damit bauen wir den Ultra-Blitz-Torpedo und gewinnen das Rennen!"

„Vergesst es!", erwidert Ole, „unseren Turbo-Düsen-Flitzer werdet ihr nur von hinten sehen! Opa Fred hat erstklassiges Baumaterial für uns."

„Abwarten!", sagt Lenny und lacht hämisch. Er flüstert seinen Kumpels etwas ins Ohr, dann macht sich die blöde Angeberbande aus dem Staub.

Gut so, denken Ole und Jan und gehen zu Opa Fred.

Die Idee mit dem Seifenkisten-Rennen findet Jans Opa toll. Gerne unterstützt er die Jungen mit allem, was sein Keller so hergibt. „Bretter, Leim und Farbe könnt ihr nehmen. Vernünftiges Werkzeug habe ich leider nicht", sagt er, „und meine Sägen habe ich auch alle verkauft!"

Ole ist niedergeschlagen, aber Jan muntert ihn auf. „Ich lasse mir was einfallen", sagt er. Auch Opa Fred verspricht zu helfen. Bis zum Wochenende stellen die Jungen ihr Baumaterial im Hinterhof ab.

Samstagmorgen, pünktlich um 9 Uhr, steht Ole vor der Tür. Gut gelaunt wollen sich die Jungen an die Arbeit machen. Doch was ist das?

Der Hof ist leer. Die Holzbretter sind verschwunden, die Farbdosen weg.

Ole wird fuchsteufelswild. Er ahnt sofort, wer dahinter steckt, und rennt zu Lenny, der direkt gegenüber wohnt.

Gerade will er klingeln, da öffnet sich die Tür und Lenny kommt heraus. Natürlich nicht allein, die Radau-Brüder sind wie immer dabei.

„Rückt unsere Sachen raus!", brüllt Ole, „aber zackig!"

„Ihr spinnt wohl!", schreit Lenny zurück, „erst klaut ihr unsere Säge und dann besitzt ihr noch die Frechheit uns Diebe zu nennen?"

Ole und Jan schauen sich verwundert an. Nanu, Lenny ist auch bestohlen worden? Ist das wahr? Oder nur ein Trick von ihm, um abzulenken?

LAURA
Mischke
Mockel

Jannes Mutprobe

Jetzt ist Janne an der Reihe. „Blödes Spiel“, denkt sie.

Wie jeden Nachmittag hatten sich die vier Kinder der Parkallee auf der Straße getroffen. „Heute machen wir Mutproben!“, hatte Laura bestimmt. So ist es eigentlich immer: Wenn Laura etwas vorschlägt, müssen alle mitmachen. Laura ist eben der Boss. Weil sie die Größte und Stärkste von allen ist.

Nun steht sie inmitten der Kinder und macht ein nachdenkliches Gesicht, während Janne darauf wartet ihre Aufgabe zu bekommen.

Jonas hatte bei Herrn Mischke Klingelstreiche machen müssen. Eigentlich hatte er riesigen Bammel vor dem Schäferhund, der dort am Zaun immer Wache hält. Trotzdem hatte er fünfmal geklingelt und war dann weggerannt. Die anderen hatten es von ihrem Versteck hinter der Hecke aus beobachtet.

Dann war Luisa an der Reihe gewesen. Laura hatte sie zu Frau Risses Haus geschickt.

„Siehst du die Mülltonne mit dem grünen Deckel?“, hatte sie gefragt.

„Steck deinen Kopf hinein und zähle bis zehn!“

So etwas würde sie sich niemals trauen, hatte Janne gedacht.

Luisa hingegen war tapfer gewesen. Furchtlos war sie zum Mülleimer marschiert, hatte den Deckel geöffnet und ihren Kopf hineingehalten. Zehn ewig lange Sekunden! Die Tonne hatte erbärmlich gestunken und am Rand waren kleine weiße Würmer herausgekrochen. Luisa schien das allerdings nichts auszumachen.

Nun geht Laura auf Janne zu. Sie reicht ihr eine Schere und sagt: „Du gehst zu Frau Gockel und schneidest ihre Rosen ab!“

Janne schluckt. Sie weiß, dass Frau Gockel ihre Rosen liebt. Die Nachbarin pflegt ihre Blumen und manchmal spricht sie sogar mit ihnen, damit sie besser wachsen.

„Los! Oder bist du ein Angsthase?“, fragt Laura herausfordernd.

Janne hat ein komisches Gefühl im Bauch, denn alle Augen sind nun auf sie gerichtet.

Natürlich will sie kein Feigling sein. Vielleicht spielt dann niemand mehr mit ihr. Aber hat sie wirklich genug Mut, Frau Gockels Rosen zu köpfen?

Das komische Gefühl in ihrem Bauch wird schlimmer, als sie zum Blumenbeet ihrer Nachbarin hinübergeht und die Schere öffnet.

Traut sie sich? Oder nicht?

Nervös spielt Janne an der Kordel ihres Pullovers. Ihre Knie zittern. Sie überlegt. Und plötzlich weiß sie, was sie tun wird. Sie wird mutig sein, richtig mutig! Sie dreht sich zur grünen Tonne um und wirft Lauras Schere einfach hinein.

„Wenn du so viel Mut besitzt, dann kannst du deine Schere ja wieder aus der Tonne fischen und Frau Gockels Rosen selber abschneiden!“, sagt Janne und geht an Laura vorbei direkt nach Hause.

Sie erwartet, dass irgendjemand „Angsthase, Angsthase!“ hinter ihr herbrüllt, doch es ist und bleibt einfach nur still.

L
2

Ein köstliches Sommer-Freunde-Abschiedsfest

Bald sind Sommerferien. Alle Schüler freuen sich, weil sie dann sechs lange Wochen ausschlafen und richtig faulenzen können. Aber ein bisschen blöd sind Ferien auch. Das findet zumindest Liane, denn in der schulfreien Zeit sieht sie ihre Freunde kaum.

Alle fahren weg: ans Meer, in die Berge, zur Oma oder auf den Bauernhof. Deshalb hat sich Liane etwas überlegt. Bevor ihre Freunde in den Urlaub fahren, soll es zum Abschied ein Sommerfest geben. Am letzten Schultag möchte Liane mit Lukas, Ayla, Emily, Fritz und Viktor eine Party im Park veranstalten. Eine Party mit wilder Musik, bunten Luftballons und prall gefüllten Wasserbomben, aber vor allem mit einem köstlichen Essen. Was es allerdings geben soll, weiß Liane noch nicht. Sie möchte ihre Freunde überraschen und überlegt, ob es etwas gibt, was alle gerne essen.

Bei Lukas ist sich Liane sofort sicher. Lukas liebt Eis. Über alles. Den ganzen Sommer hockt er draußen im Garten oder vor der Eisdiele und schleckt eine süße, kalte Kugel nach der anderen. Vielleicht hat er deshalb so viele Sommersprossen im Gesicht.

Wie wäre es, wenn es Eis für alle gäbe? Aber Emily mag viel lieber Kekse und Ayla, die sich extra für das Sommerfest ein neues Blumenkleid gekauft hat, schwärmt für Käsespieße mit Weintrauben obendrauf.

Liane überlegt, ob sie vielleicht aufgespießte Kekse mit Käsewürfeln machen soll. Oder besser Eis mit Weintrauben obendrauf?

Während sie grübelt, fragt Fritz, ob Liane nicht Pizza besorgen könnte.

„Ich komme direkt vom Fußballtraining, da habe ich immer Monsterhunger. Und Pizza ist echt mein Leibgericht!"

Liane findet Pizza auch sehr lecker. Aber was wäre dann mit Emily? Die hat doch einen Gipsarm und kann die Pizza gar nicht schneiden. Und Viktor wünscht sich sowieso viel eher Würstchen.

„Würstchen gehören zu einer Party, genau wie laute Musik und Prickelbrause!", erklärt er ihr.

Liane muss lachen, als sie sich vorstellt, wie Viktors blonde Stoppelhaare zum Takt der Musik wild hin und her wippen, während er gleichzeitig ein oder zwei Würstchen verdrückt.

Das wird lustig. Die Sache mit dem Essen ist aber immer noch nicht geklärt. Was soll es nun geben? Eis, Kekse, Spieße, Würstchen oder doch lieber Pizza?

Liane kann sich nicht entscheiden. Schließlich soll es für jeden ihrer Freunde ein Superfest sein, nicht nur für einen.

Genau das bringt sie schließlich auf die rettende Idee. Und so wird das Sommer-Freunde-Abschiedsfest für alle richtig köstlich.

Als Emily, Ayla, Fritz, Viktor und Lukas im Park auftauchen, gibt es nicht nur Luftballons, Wasserbomben und laute Musik, sondern auch für jeden eine köstliche Überraschung.

Liane hat nicht für alle dasselbe Essen besorgt, sondern für jeden ihrer Freunde sein ganz persönliches Leibgericht.

Das Geisterhaus

Jan ist neu in der Stadt. Während aus dem Umzugswagen die Kartons und Kisten ausgeladen werden, durchstreift er die Gegend. Er hat sonst nichts zu tun. Beim Umzug steht er nur im Weg herum, hat sein Vater gesagt. Seine Bücher und Spielsachen sind noch eingepackt, andere Kinder kennt er noch nicht. Im Nachbarhaus soll zwar ein Mädchen wohnen, aber bisher hat Jan sie nicht gesehen. Vielleicht ist sie verreist oder spielt lieber drinnen.

Also geht Jan alleine zu dem kleinen Waldstück, das am Ende der Straße liegt. Dort gibt es viel zu entdecken: wuselige Ameisenhügel, Tierspuren, Mäuselöcher und geheimnisvoll glitzernde Steine. Etwas versteckt erkennt Jan ein Holzhäuschen in einer Baumkrone. Ähnlich wie ein Hochsitz, nur größer. Wer da wohl haust?

Jan bekommt Lust zu spionieren. Gerade steigt er auf die unterste Sprosse, da steht plötzlich ein Junge hinter ihm. „Geh da lieber nicht rauf!“, warnt ihn der Junge, „das ist ein Geisterhaus“.

Der Junge sagt, dass er Robert heißt. Eigentlich sieht er ganz nett aus, aber was er erzählt, ist gruselig. „Ein Waldgeist treibt sein Unwesen in diesem Haus. Wenn man hinaufklettert, erwacht der Geist. Dann wird er wild und wütend. Die Stufen stürzen ein, der Boden wackelt und der Geist fängt an, fürchterlich zu heulen! Dann muss man um sein Leben rennen!“

Mit einem Mal werden Jans Knie weich. Wie Wackelpudding. Für gewöhnlich liebt er Gruselgeschichten. Er besitzt eine Menge Vampir- und Gespensterbücher. Doch das hier klingt echt schaurig und vielleicht ist es sogar wahr. Schnell nimmt Jan seinen Fuß von der Sprosse und beeilt sich nach Hause zu kommen.

Eine Weile denkt er über Roberts Worte nach, aber irgendwann lacht er darüber. Natürlich gibt es keine Geister. So ein Quatsch! Jan macht sich erneut auf den Weg.

Es dämmert schon, als er in den Wald kommt. Plötzlich hört Jan ein Jaulen aus dem Baumhaus und ein gespenstischer Lichtkegel huscht über den Abendhimmel. Er erschreckt sich so, dass er im Turbotempo nach Hause rennt.

In der Nacht schläft er nicht besonders gut. Gibt es in der neuen Stadt wirklich Geister? Das wäre unglaublich. Aber den Kindern in seinen Büchern passieren auch immer seltsame Dinge. Wer weiß?

Die Sache lässt ihm keine Ruhe.

Also geht Jan am nächsten Morgen wieder in den Wald. Bei Tageslicht wirkt das Baumhaus harmlos. Vielleicht könnte Jan vorsichtig hinaufschleichen und sich den Geist mal ansehen? Ein wenig Angst hat er zwar, doch seine Neugierde ist jetzt größer.

Jan streift seine Schuhe ab. Auf Strümpfen klettert er die Stufen hinauf, damit er den Geist nicht weckt. Fast ist er oben, da hört er etwas: ein schauriges Schmatzen. Jan hält den Atem an. Vorsichtig lugt er um die Ecke.

Wie der Geist wohl aussieht? Grün, durchsichtig, weiß, mit Waldlaub in den Haaren?

Nein! Er sieht ganz anders aus …

RIKE
Julie

Klasse3b
RIKE

überlegen

Benno aus der 3a ist nicht nur riesengroß und mächtig kräftig, er kann auch unheimlich fies gucken. Mit seiner schwarzen Lieblingskappe fühlt er sich besonders stark. Seit Neuestem hat er sich darauf spezialisiert, anderen Angst einzujagen. Das kann er richtig gut.

In der Schule ist er dagegen nur mittelschlau. Seine Eltern finden das nicht besonders erfreulich. Sie machen Benno die Hölle heiß, wenn er schlechte Noten schreibt. Benno kann nicht anders und macht dann wiederum seinen Klassenkameraden die Hölle heiß.

Zunächst muss Justus dran glauben. Weil er so schön klein ist und dünn. Von der Statur her erinnert er eher an ein Klappergerüst. Dennoch hat er ordentlich was auf dem Kasten. In Mathe steht er auf Eins, in Deutsch und im Sachunterricht ebenfalls. Das findet Benno super. In der kleinen Pause, im Klassenzimmer, knöpft er sich Justus vor. Er nimmt ihm die Brille weg und packt ihn am Kragen. Justus soll Benno bei der Lernkontrolle abschreiben lassen. Damit Benno auch mal eine Eins bekommt.

Als Justus wieder Boden unter den Füßen hat, verspricht er Benno zu helfen. Das findet er besser, als ein blaues Auge zu kassieren. Benno freut sich über diese Hilfsbereitschaft und beschließt, dass Justus von nun an auch seine Hausaufgaben erledigen darf. Dann hat Benno mehr Zeit zum Fernsehen und Computerspielen. Oder zum Schokoriegelessen. Süßkram braucht er nämlich, um bärenstark zu werden, meint er. Dummerweise hat Benno weder Geld noch Süßigkeitenvorräte. Also schnappt er sich Julie. Die hat immer süße Riegel oder Knusperzeug im Ranzen.

Julie ist zwar genauso groß wie Benno, aber viel schwächer. Deshalb überlässt sie ihm ihr ganzes Frühstück. Doch in Bennos Magen ist enorm viel Platz, er braucht mehr. Wie gut, dass in Rikes Schulmäppchen immer ein paar Münzen für den Bus stecken. Die will Benno unbedingt haben, um sich Süßkram und Chips zu kaufen.

Also zieht er Rike auf dem Pausenhof an den Zöpfen. Doch anstatt das Geld herzugeben, wird Rike wütend und schreit ganz laut.

„Sei still und rück' die Kohle raus!", droht Benno, „gegen mich hast du keine Chance!" Aber da hat er sich getäuscht. Denn Rike denkt nicht daran, ihr Geschrei zu unterbrechen. Im Gegenteil: Sie wird immer lauter. Plötzlich steht Justus hinter ihr. Dann kommen Julie und weitere Kinder aus der Klasse dazu. Sie alle haben die miesen Machenschaften von Benno endgültig satt.

„Lass Rike in Ruhe! Sonst kriegst du es mit uns zu tun!", rufen sie gemeinsam und gucken Angst einflößender, als Benno es jemals könnte.

Da muss Benno schlucken. Einen allein kann er gut erpressen, aber gegen alle kommt selbst er nicht an. Schnell lässt er Rikes Zöpfe los und verschwindet. Seitdem lässt er die anderen in Ruhe.

Benno ist zwar nicht besonders schlau, dennoch weiß er, dass die anderen zusammen stärker sind, als er allein es jemals sein könnte.

U

Ä

L

A

I

G

M

L

Camp-Indianer

Nico ist eine echt coole Socke. Das sagen seine Eltern immer und bisher hat Nico das auch von sich gedacht. Deshalb hat er darauf bestanden alleine in den Urlaub zu fahren: in ein Indianer-Abenteuer-Camp.

Aber es ist anders, als Nico es sich vorgestellt hat. Nico fühlt sich seltsam. Noch nie war er so weit von zu Hause weg, außerdem kennt er hier niemanden. Sein Bauch tut mit einem Mal so schrecklich weh, dass er Klaus, den Lagerleiter, bittet seine Eltern anzurufen. Sie sollen ihn wieder abholen.

„Vielleicht schaffst du vorher noch deine Indianer-Prüfung", sagt Klaus, „dann hast du noch eine schöne Erinnerung. Du kannst mit Miriam zusammen losziehen!"

Er schickt Nico zu einem Mädchen mit braunen Zöpfen, das fröhlich lacht.

Richtige Lust hat Nico eigentlich nicht, aber dann flüstert Miriam ihm ein Geheimnis ins Ohr: „Ich kenne mich aus", sagt sie, „durch meine Adern fließt echtes Indianerblut! Mein Ururgroßvater war Apache, genau wie Winnetou."

Nico wird neugierig. Beeindruckt folgt er Miriam zum Kletterfelsen, wo sie ihm geheime Indianerklettertricks zeigt. Noch bevor eine der anderen Zweiergruppen den Gipfel erreicht, sind Nico und Miriam schon oben und finden unter einem Stein die von Klaus versteckten Adlerfedern. Damit wäre die erste Aufgabe erledigt. Weiter geht es zum See.

„Komm her, du Bleichgesicht! Wir müssen mit Brettern zur anderen Seite paddeln", ruft Miriam und spritzt Nico nass.

„Na warte!", schreit Nico und lacht. Miriam bekommt eine volle Ladung Wasser ins Gesicht.

„Das bekommst du zurück", kreischt sie fröhlich und stürmt hinter Nico her. Eine wilde Verfolgungsjagd beginnt. Nico paddelt los, doch Miriam holt ihn kurz vor der anderen Uferseite ein. Es gibt eine Wasserschlacht, bis Miriam endlich aufgibt.

Gut so, denn es wird allerhöchste Zeit, sich der nächsten Aufgabe zu widmen: dem Blasrohrschießen. Unter dem alten Apfelbaum sollen die beiden versuchen drei Dosen umzuschießen.

„Mist, darin war schon mein Ururgroßvater eine Niete", stöhnt Miriam.

„Kein Problem, Blasrohrschießen kann ich. Ich bringe es dir bei", ruft Nico begeistert und nimmt Miriam an die Hand. Zusammen laufen sie zum Apfelbaum und bringen dort nicht nur drei Dosen zu Fall, sondern gleich sechs, und obendrein noch zwei pralle Äpfel. Die verspeisen sie zur Belohnung, weil sie es geschafft haben, alle Aufgaben erfolgreich zu erledigen.

Später am Lagerfeuer gratuliert Klaus den beiden und steckt ihnen feierlich die Adlerfedern ins Haar.

„Jetzt seid ihr echte Camp-Indianer", teilt er ihnen mit. „Nur schade, dass Nico uns schon so bald verlässt."

„Das geht nicht!", ruft Nico da, „ich hab mit Miriam noch Tausende von Indianer-Abenteuer-Plänen!" Sofort bittet er Klaus, seine Eltern anzurufen. Sie sollen ihn nicht vorzeitig abholen, denn seine Bauchschmerzen sind auf dem Weg zwischen Fels und See verschwunden und alleine fühlt er sich auch nicht mehr.

MAX
JAN
KÄSE
SINA
GEMÜSE
LEA
PIA
SCHULE
OMA KÄTHE
NELLI

Nellis großer Tag

Heute ist Nellis 9. Geburtstag. Am Morgen haben ihre Eltern sie mit einer riesigen Geburtstagstorte überrascht. Ein Geschenk gab es allerdings noch nicht. Das erhält Nelli erst am Nachmittag, wenn Oma Olga und Opa Vladi zum Kaffee kommen.

Nun muss Nelli die lange Wartezeit irgendwie überbrücken. Das macht sie am besten mit ihren Freunden, denkt sie, zieht sich an und schlendert gemütlich zum Spielplatz hinüber.

Der frische Wind weht ihr um die Nase und das abgefallene Laub raschelt, als sie hindurchmarschiert.

Vielleicht sitzen Max, Sina und Lea schon auf der Schaukel am Sandkasten. Dann könnten sie zusammen wilde Räuberbande spielen.

Doch bis auf zwei Kleinkinder tobt niemand auf dem Spielplatz herum. Heute ist Samstag, da schlafen die anderen wahrscheinlich noch. Deshalb beschließt Nelli, bei Sina vorbeizuschauen und sie einfach aus den Federn zu werfen.

Fröhlich pfeifend wandert sie zu ihrer Freundin. Aber Sina liegt gar nicht mehr im Bett, sie sitzt auch nicht am Frühstückstisch. Sina ist schon unterwegs. Und das, obwohl sie sonst immer so eine Schlafmütze ist.

„Sina hatte heute wichtige Pläne. Sie hat sich extra den Wecker gestellt. Ich glaube, sie wollte zu Max", sagt Sinas Mutter. Nelli fragt sich, was Sina so früh am Morgen bei Max möchte. Neugierig läuft sie zu ihm. Aber an seiner Haustür klebt nur ein Zettel:

Hallo Mama, binn mit Sina zu Lea gegangen. Komme später wider. Grus Max

Die anderen haben sich bei Lea verabredet? Warum hat ihr niemand Bescheid gesagt? Nelli ist enttäuscht und fragt sich, ob Lea, Max und Sina sie nicht mehr dabeihaben wollen. Oder gibt es für alles eine logische Erklärung?

Um das herauszufinden, rennt Nelli zu Lea. Aber die drei sind nicht daheim. Leas Mutter erklärt, dass Sina, Max und Lea in geheimer Mission unterwegs sind. Nellis Stimmung sinkt auf den Nullpunkt. Eine geheime Mission? Was soll das sein? Die „Wir-treffen-uns-heimlich-ohne-Nelli-Mission"? Traurig geht sie wieder.

Als sie am Spielplatz vorbeikommt, buddeln dort immer noch die beiden Kleinen. Sie quietschen vergnügt und bauen eine Sandburg. Nelli jedoch ist die gute Laune vergangen. Ihre Freunde spielen lieber ohne sie. Das ist echt gemein.

Mit hängendem Kopf schlurft Nelli heim. Sie möchte sich nur noch in ihrem Zimmer verkriechen. Doch als sie die Haustür aufschließt, erlebt sie schon wieder eine Überraschung. Diesmal eine schöne.

Im Flur stehen Sina, Max und Lea und rufen lauthals: „Herzlichen Glückwunsch!" Sie werfen mit kunterbuntem Konfetti und stimmen ein Geburtstagslied an.

Mit jedem einzelnen Ton löst sich eine von Nellis Sorgen in Luft auf. Sie strahlt und lacht, weil es wirklich dumm von ihr war zu glauben, ihre Freunde hätten sie vergessen.

Jeder von ihnen umarmt Nelli und dann überreichen die drei ihr ein tolles Geschenk. Eins, das Nelli gleich mit ihnen zusammen ausprobieren möchte.

STUNDENPLAN
PIRATEN
PIRATEN
Ozeandampfer
Baukasten ab 8 Jahren
Der rote Kristallkasten

Teure Freundschaft

Es ist Hofpause. Während die meisten Kinder kicken, klettern oder Fangen spielen, steht Tarik wie jeden Tag alleine herum.
„Aus dem Weg, Fettwanst!", brüllt ein Viertklässler, während er dem Ball nachjagt, und schubst Tarik unsanft zur Seite.
Wenn niemand mit einem spielt, ist die Pause ziemlich doof, denkt Tarik und wartet darauf, dass es endlich läutet.
Zu Hause überlegt Tarik, was er nur anstellen könnte, um bei den anderen beliebter zu werden. Ihm kommt eine Idee.
Am nächsten Tag holt er im Matheunterricht heimlich einen 50-Euro-Schein aus dem Etui. Lange hat Tarik sein Taschengeld sparen müssen, um diese Summe zusammenzubekommen. Eigentlich war das Geld als Anzahlung für seine neue Spielkonsole gedacht, doch echte Freunde wären Tarik viel lieber. Also zeigt er seinem Banknachbarn Jonas den Schein. „Hat mir mein Vater geschenkt", flüstert Tarik, „für mich und meine Freunde. Wir sollen uns was Schönes dafür kaufen!"
„Boah!", staunt Jonas, „so viel Kohle? Das ist ja echt der Hammer."
Das großzügige Geschenk von Tariks Vater spricht sich schnell herum. In der Pause steht Tarik nicht mehr alleine auf dem Schulhof. Eine ganze Traube von Kindern versammelt sich um ihn. Lächelnd steht Tarik mit seinem Geldschein in der Mitte.
„Heute Nachmittag fahre ich zu Ingos Spielzeugland. Was soll ich euch mitbringen?", fragt er in die Runde.
„Ich brauche unbedingt das neue Superhelden-Comicheft", sagt Jonas.
„Und ich will fünf Packungen Fußballsammelbilder", ruft Richard.
Natascha wünscht sich einen rosa Plüschgeldbeutel und Peter Bausteine für einen Düsenjet.
„Was möchtest du?", fragt Tarik und dreht sich zu Carina um.
Carina weiß nicht so recht. Irgendwie findet sie es komisch, sich von Tarik beschenken zu lassen. Sie hat weder Geburtstag, noch ist Tarik ihr Freund. Andererseits wünscht sie sich schon lange einen Kasten zum Kristallezüchten, aber ihr Taschengeld reicht nie dafür aus.
„Wenn dein Vater dir das Geld extra dafür gegeben hat, hätte ich gerne so einen Kristallkasten. Aber in Blau, das ist meine Lieblingsfarbe!"
„Geht klar!", sagt Tarik lässig und lässt den Schein in seiner Hosentasche verschwinden.
Am Nachmittag radelt er zum Spielzeugladen und besorgt die Sachen. Von seinem Taschengeld bleibt nicht mehr viel übrig. Aber das ist Tarik egal. Hauptsache ist, die anderen mögen ihn endlich.
Mit einer dicken Tüte beladen kommt Tarik am nächsten Morgen in die Schule. Noch bevor die Glocke zur ersten Stunde läutet, breitet er den Inhalt auf seinem Tisch aus.
Als er die Sachen kontrolliert, stellt er jedoch fest, dass es nur vier Teile sind, aber fünf Kinder, die ein Geschenk von ihm erwarten. Mist!
Wie konnte ihm so ein Fehler unterlaufen? Werden die fünf jetzt trotzdem seine Freunde?

囍愛和平

Internationale Haifischjagd

Moritz buddelt gelangweilt mit den Händen im Sand. So hat er sich die Ferien am Mittelmeer nicht vorgestellt. Seine Mutter liegt eingeölt in der Sonne und schläft den ganzen Tag. Sein Vater hat das Gesicht seit Ewigkeiten hinter einer Zeitung vergraben. Und Moritz? Der sitzt allein am Strand herum. Ohne Geschwister und Freunde in den Urlaub zu fahren ist grottenlangweilig, findet er. Niemand ist da, mit dem er etwas Aufregendes erleben könnte: einen gigantischen Sandburgen-Bauwettbewerb oder ein Tauchabenteuer im Ozean.

Weil er so in Gedanken versunken ist, merkt Moritz nicht, wie sich auf einmal jemand nähert. Ein Junge mit roten Stoppelhaaren, weißer Haut und lustigen Sommersprossen auf der Nase steht plötzlich vor ihm. Fröhlich quasselt der Junge drauflos. Doch leider in einer für Moritz unverständlichen Sprache.

„Der Junge spricht Englisch", erklärt sein Vater, ohne hinter der Zeitung hervorzuschauen, „und er will mit dir spielen."

„Wie denn?", fragt Moritz, „ich kann doch überhaupt kein Englisch."

„Das wird schon funktionieren", antwortet der Vater. Moritz ist sich nicht sicher. Doch der fremde Junge scheint keine Bedenken zu haben.

„Na gut", murmelt Moritz und rafft sich auf.

Der Junge plappert munter weiter, doch Moritz versteht nur Bahnhof. Das einzige, was er mitbekommt, ist, dass der Junge Jim heißt. Mehr nicht. Ratlos zuckt Moritz mit den Schultern.

Da läuft Jim zu seinen Eltern, holt einen Käscher und zeigt auf das Meer.

Jetzt versteht Moritz endlich, dass Jim fischen möchte. Keine schlechte Idee, findet er und schnappt sich seine Luftmatratze. Mit Händen und Füßen erklärt er Jim, dass er sich hinter ihn setzen soll. Dann treiben sie gemeinsam auf die Wellen hinaus.

Jim zieht den Käscher durch die Fluten, während Moritz die prächtigsten Fischschwärme ansteuert. Das klappt ganz ohne Worte und macht riesigen Spaß.

Auf einmal tippt Jim Moritz auf die Schulter. Steuerbord nähert sich eine Haifischflosse. Die beiden Jungen grinsen sich an. Ohne zu sprechen wissen sie, dass sie gemeinsam den Raubfisch schnappen werden.

Entschlossen paddelt Moritz auf die Beute zu. Jim holt mit dem Käscher aus. Er stülpt das Netz über die Flosse. Im selben Augenblick taucht ein Kopf unter der Flosse auf. Ein Mädchen mit einer Haifischbadekappe kommt zum Vorschein. Sie fletscht die Zähne und sagt etwas in einer Sprache, die weder Jim noch Moritz verstehen.

Die Jungen schreien angsterfüllt, denn das Haimädchen befreit sich und greift die Luftmatratze an. Mit einem Satz purzeln die Fischer ins Wasser, tauchen aber sofort wieder lachend auf. Auch das Mädchen kichert.

Und da merkt Moritz, dass sein Vater recht hatte. Man muss nicht unbedingt dieselbe Sprache sprechen, um sich zu verstehen. Manchmal geht es auch so. Und das Lachen, das klingt sowieso in allen Ländern gleich.

AKFLUMETRONISALE

Wer wird Boss?

Als Emma, Finn und Emil durch das Schilf am Lippesee streifen, entdecken sie ein altes Ruderboot. Einsam und verlassen liegt es am Ufer.

„Leute! Das riecht nach einem Abenteuer!“, ruft Emil und springt mit einem Satz in den alten Kahn. Die anderen folgen ihm begeistert.

„Ich taufe dieses Schiff auf den Namen Enterteufel“, sagt Emil, „lasst uns in See stechen, Piraten!“

„Wieso bestimmst du eigentlich schon wieder, was wir machen?“, fragt Emma genervt.

„Du warst schon gestern Räuberhauptmann“, stimmt Finn ihr zu, „heute bin ich mal Boss. Und ich finde, dieser Kahn ist eindeutig ein Containerschiff, kein Piratenboot.“

„Moment mal“, sagt Emma und reißt Emil das Ruder aus der Hand. „Seid ihr blind? Erkennt ihr nicht, dass wir uns auf einem Ozeandampfer befinden?“

Emil lacht nur und verlangt das Ruder von Emma zurück.

„Nur der Anführer bestimmt, wo es langgeht“, erwidert Emma und hält den Holzgriff fest umklammert.

„Und wer ist das bitteschön?“, fragt Finn.

„Ich!“, sagt Emma, „ich bin Kapitänin! Wer ist dafür?“

Außer Emma hebt niemand die Hand.

„Der Schlauste von uns muss Anführer werden! Ist doch klar!“, erklärt sie den Jungs. Das sagt sie deshalb, weil sie immer die allerbesten Schulnoten hat.

„Quatsch“, motzt Finn, „der Stärkste!“ Demnach wäre er Chef. Er ist mindestens einen Kopf größer als die anderen und kann schon zwei Wasserkisten gleichzeitig tragen.

„Immer nur der Stärkste? Ist doch langweilig. Warum nicht mal der Schnellste?“, schlägt Emil, die Sportskanone, vor.

Aber Emma und Finn sind absolut dagegen. Keiner findet den Vorschlag der anderen gut.

Mit verschränkten Armen sitzen die drei im Boot und schweigen sich an. Die Stimmung wird schlechter, die Abenteuerlust verfliegt langsam, aber sicher. Und das ist nun richtig blöd. Viel blöder als nicht bestimmen zu dürfen, findet Emma nach einer Weile.

„Nur ein gewöhnliches Schiff kommt mit *einem* Anführer aus“, sagt Emma, „wir nicht! Wir sind besonders! Wir brauchen einen starken, mutigen Kapitän, der uns gegen Angreifer verteidigt, und einen schnellen Kapitän, der uns die Richtung vorgibt. Nur er weiß, in welchem Hafen wir die besten Güter für unsere Passagiere bekommen. Und dann darf natürlich die Kapitänin nicht fehlen. Die ist für die Unterhaltung der Gäste auf dieser einzigartigen Abenteuerreise zuständig.“

„Coole Idee“, finden Emil und Finn. Darauf geben sich die drei die Hände, und dann kann es endlich losgehen.

„Jetzt braucht unser Boot nur noch einen Namen“, meint Emma.

Zum Glück dauert diese Entscheidung nicht lange. Beim Namen sind sich alle auf Anhieb einig.

Unbekannte Brieffreundschaft

Missmutig wirft Sara ihre CD-Sammlung in den großen Pappkarton. Sie hat keine Lust ihr Zimmer auszuräumen.
Sie hat keine Lust, all ihre Spielsachen in Kisten zu packen, aber vor allem hat sie keine Lust wegzuziehen. Nur weil ihr Vater eine neue Arbeit in einer anderen Stadt gefunden hat.
Jetzt muss Sara alles zurücklassen: ihr schönes Zimmer mit der Blümchentapete, die Comenius-Schule und all ihre Freunde.
„Sei nicht traurig", tröstet ihre Mutter sie, „sicherlich wirst du in der neuen Stadt schnell wieder Freunde finden!"
Sara seufzt. Sie weiß jetzt schon, dass sie ihre Freunde schrecklich vermissen wird. Nie im Leben wird sie das überstehen.
Gerade als ihr Tränen in die Augen steigen, kommt Alex, ihr großer Bruder, herein. In der einen Hand hält er ein Schokoladeneis, in der anderen einen Briefumschlag.
„Hier! Hab ich vergessen dir zu geben", sagt er schmatzend und überreicht Sara einen Brief.
„Lag im Briefkasten!"
Sara öffnet den Umschlag, auf dem kein Absender steht. Sofort entdeckt sie die Schokoeisflecken auf dem Briefpapier.
„Neugieriger Blödmann!", ruft Sara und befördert ihren Bruder aus dem Zimmer. Sie ist stinkwütend. Nicht nur, weil Alex ihren Brief gelesen hat. Unten auf dem Brief befindet sich nämlich ein dicker, brauner Tropfen. So kann Sara die Unterschrift nicht erkennen.
Ob sie den Absender herausfinden kann, wenn sie die Post aufmerksam liest?

Liebe Sara,
ich finde es schrecklich, dass du wegziehst. Ich war total fertig und habe echt weinen müssen. Meine Brillengläser sind von den vielen Tränen schon ganz verschmiert. Aber dann habe ich eine Idee gehabt. Wir könnten weiterhin in Kontakt bleiben, wenn wir uns schreiben. Was meinst du? Ich wollte immer schon eine Brieffreundin haben. Das fände ich wirklich cool. Du könntest mir alles über die neue Schule, die neue Stadt und deinen schrecklichen Bruder schreiben. Und ich erzähle dir regelmäßig von meinen Kaninchen Schnuppel und Poppel und wie Frau Bleier uns mal wieder in Mathe quält. Mist! Meine Mutter ruft schon zum vierten Mal von unten hoch. Leider muss ich Schluss machen. Ich habe einen Friseurtermin. Meine Mutter findet, meine Locken müssten ein bisschen geschnitten werden. Lustig, was? Dann sehe ich bestimmt genauso aus wie du. Abgesehen von der Haarfarbe natürlich. Zur Erinnerung an eine wunderschöne Zeit lege ich dir noch ein Abschiedsbild unserer Schulhofbande dazu. Wir werden dich alle sehr vermissen. Bis bald!
Dei

Sara lächelt. Sofort fühlt sie sich besser. Eine Brieffreundschaft ist eine tolle Idee, um sich nicht aus den Augen zu verlieren. Ein bisschen sauer ist Sara zwar immer noch, weil Alex ihren Brief verschmiert hat. Aber eigentlich ist das auch egal, denn sie weiß sowieso, von wem die Post stammt. Du auch?

Vorsicht: sehr giftige, zischelnde, angst-einflößende Schlangen
Unglaublich toller Schatz

Abenteuer-Jim und Karate-Kitty auf Dschungelmission

Abenteuer-Jim muss eine aufregende Mission erfüllen.

Er hat den Auftrag erhalten, die geheime Schatzkammer von Banditen-Bob zu finden. Die Aufgabe ist nicht einfach, denn Banditen-Bob ist ein hundsgemeiner Kerl. Seine ergaunerten Schätze hat er genau in der Mitte des gefährlichsten Dschungels versteckt.

Aber Jim stellt sich dieser Herausforderung. Nicht nur, weil er mächtige Muskeln und eine Menge Grips hat, sondern weil ihm jemand hilft: Karate-Kitty, seine allerbeste Freundin. Zusammen sind die beiden ein unschlagbares Team.

An einem Seil werden sie in die Wildnis hinuntergelassen. Sie machen sich auf den Weg, doch plötzlich versperrt ihnen ein Tiger den Pfad. Ein unüberwindbares Hindernis für einen Abenteurer. Aber nicht für zwei!

Während Kitty den Tiger mit ein paar Karateübungen ablenkt, schleicht sich Jim von hinten an. Er fängt das Tier mit seinem Netz und hängt es an den Baum. Weiter geht es.

Nach einiger Zeit taucht vor ihnen die Teufelsschlucht auf. Es gibt zwar eine Hängebrücke, die hinüberführt, aber ist sie sicher? Jim testet den Übergang. Er ist vorsichtig, dennoch rutscht er aus. Banditen-Bob hat die Brücke mit einer Seifenspur beschmiert. Zum Glück ist Kitty schnell zur Stelle. Sie reicht ihrem Freund die Hand und zieht ihn hoch. Geschafft!

Doch wie sollen sie jetzt über den Abgrund kommen?

„Wir nehmen einen Baum!", schlägt Kitty vor. Sie hat nicht nur gute Ideen, sondern auch Spezialwerkzeug dabei. Schnell ist ein Baum gefällt, auf dem die beiden über die Schlucht balancieren.

So erreichen sie die Mitte des Dschungels. Dort, wo der Schatz versteckt sein soll, steht ein großer Berg.

„Wie raffiniert, die Schatzkammer in einem Berg zu verstecken", meint Kitty.

Um den Eingang zu finden, klopft Jim den Felsen mit einem Metallstab ab. Da, es klingt hohl! Die Tür ist in der Farbe des Felsens bemalt. Typisch Bob!

Als die beiden in die Höhle gelangt sind, stehen sie plötzlich vor zwei weiteren Türen. Dazwischen, im staubigen Sand, liegt ein Brief.

> Lieber Jim, liebe Kitty,
> eine Tür öffnet meine Schatzkammer, die andere führt direkt in eine Schlangengrube.
> Damit ihr nicht den falschen Weg wählt, habe ich die Türen beschriftet!
> Grüße, euer Bob!

„Schlaf jetzt, Lucas!", sagt plötzlich eine Stimme.

Lucas schaut von seinem Abenteuerbuch auf.

„Ach Mama, es ist gerade so spannend! Jim und Kitty sind kurz davor, die Schatzkammer zu finden."

„Weißt du denn, welche Tür sie nehmen müssen?", fragt die Mutter, als sie ins Comicheft schaut.

Natürlich weiß Lucas die Antwort. Du auch?

Blutsschwestern

Seit der Kindergartenzeit sind Nina und Lotta allerbeste Freundinnen. Meist gibt es die beiden nur im Doppelpack: Nina und Lotta, Lotta und Nina.

„Wir sollten Blutsbrüder werden", findet Nina, die gerade im Cowboy-Fieber ist und alles verschlingt, was mit Wildem Westen zu tun hat.

„Wohl eher Blutsschwestern", meint Lotta. Grundsätzlich gefällt ihr die Idee, sich auf immer und ewig zu verbünden. Aber die Sache mit dem Hautaufritzen findet Lotta gruselig. Deshalb überlegt sie sich etwas anderes.

„Blutsschwestern haben ein anderes Zeichen der Verbundenheit", schlägt sie am nächsten Tag vor. Sie zaubert zwei Ringe aus ihrer Tasche. Die sind zwar aus Plastik und nur aus dem Kaugummiautomaten, aber trotzdem findet Lotta, dass sie etwas ganz Besonderes sind: eben einzigartige Lotta-Nina-Freundschaftsringe.

Sie reicht Nina einen der beiden pinkfarbenen Glitzerringe.

„Ein bisschen groß", findet Nina und beäugt das Schmuckstück ausführlich von allen Seiten.

„Egal! Da wachsen wir noch rein", sagt Lotta, „Hauptsache ist doch, dass sie ein Zeichen unserer ewigen Freundschaft sind!"

Feierlich schwören sich die beiden, für immer zusammenzuhalten, und stecken sich dann die Ringe an.

Doch schon am nächsten Tag ist plötzlich alles ganz anders.

Sonntags fahren Lotta und Nina für gewöhnlich auf den Ponyhof. Am Morgen ruft Nina jedoch an und sagt die Verabredung ab. Das gab es noch nie. Nina erzählt, dass sie sich nicht wohlfühlt. Aber Lotta erkennt an Ninas Stimme, dass etwas nicht stimmt.

Deshalb beschließt sie, den Ausritt auf dem Ponyhof sausen zu lassen. Stattdessen möchte sie Nina einen Besuch abstatten.

Als Lotta bei Nina klingelt, öffnet niemand die Tür. Ihre Freundin ist gar nicht zu Hause. Oder sie öffnet nicht, weil sie Lotta nicht sehen will.

Was ist nur los? Ist Nina sauer, weil so keine richtige Blutsbrüderschaft aussieht? Oder lag es an dem Ring? Vielleicht ist Nina enttäuscht, weil Lotta keine wertvollen Edelsteinringe besorgt hat, sondern nur billige aus Plastik. Oder sie hat es sich ganz einfach anders überlegt. Will sie gar nicht auf immer und ewig mit Lotta verbunden sein? Schließlich zoffen die beiden sich auch ab und zu.

Verunsichert macht sich Lotta alleine auf den Weg zum Pferdehof. Als sie in den Stall kommt, um Ölprinz, das schwarze Pony, aus der Box zu holen, steht Nina an der Tür. Lotta rutscht das Herz in die Hose, als sie Ninas verweinte, rote Augen sieht.

Sie hatte also recht. Irgendetwas stimmte nicht.

Und als Nina zu schluchzen beginnt, weiß sie es mit Gewissheit.

„Ich muss dir was Schlimmes erzählen", sagt Nina.

Was Schlimmes? Jetzt bekommt Lotta wirklich etwas Angst. Was kann das nur sein?

Wie siehst du denn aus ?

Ausflug zu den Außermarsischen

Flupps dribbelt den Kometen abwechselnd mit seinen drei Füßen. Links, rechts, Mitte – Schuss.

„Los Papa! Spiel mit", ruft er.

Nachdenklich kratzt sich Flupps Vater hinter den eckigen Ohren.

„Eigentlich habe ich für heute etwas anderes geplant", antwortet er, „ich wollte mit dir die Gegend erkunden."

„Den Mars kenne ich doch schon in und auswendig", nörgelt Flupps, „ich will lieber Kometenkugeln kicken".

„Das können wir morgen auch noch machen", unterbricht ihn der Vater, „was hältst du davon, wenn wir heute mal einen Abstecher auf die Erde machen?"

„Auf die Erde?" Flupps ist entsetzt. Auf keinen Fall fliegt er zum blauen Planeten. Das kann sein Vater vergessen. Dort leben doch diese seltsamen, außermarsischen Wesen. Die will er überhaupt nicht kennenlernen.

Flupps hat Bilder von ihnen gesehen. Ihre Hautfarbe ist schaurig blass, kein bisschen grün. Auf ihrer Stirn fehlt das dritte Auge und auf ihren komischen Köpfen wackelt nicht einmal eine einzige Antenne. Stattdessen wachsen dort mal lange, mal kurze, dünne Fäden heraus. Ekelig!

Wer so aussieht, der kann nur blöd sein, beschließt Flupps.

„Komm schon! Das Raumschiff steht bereit", sagt sein Vater und schiebt Flupps durch die gläserne Schiebetür ins Ufo.

Mit doppelter Lichtgeschwindigkeit düsen die beiden Richtung Erde. Kurze Zeit später landet ihr eierförmiges Raumschiff auf einem grünen Feld. Flupps' Vater hüpft neugierig hinaus. Flupps dagegen weigert sich auszusteigen.

Schlecht gelaunt schaut er durch die gläserne Luke. Da entdeckt er am Ende des grünen Felds eine Gruppe kleiner Erdlinge. Sie wirken genauso komisch, wie Flupps es sich vorgestellt hat. Doch das, was sie tun, lenkt ihn von ihrem Aussehen ab. Die Zweibeiner jagen eine schwarz-weiße Lederkugel auf einem Feld hin und her.

„Hey, das ist fast wie Kometenball!", ruft Flupps und beobachtet, wie die Erdlinge lachen, rennen und ihre Kugel dribbeln. Es kribbelt gewaltig in Flupps grünen Beinen. Da muss er einfach mitmachen. Egal wie diese Wesen aussehen. Also verlässt er das Raumschiff. Als er aufs Feld springt, unterbrechen die Kinder das Spiel, um den kleinen Außerirdischen zu betrachten.

„Wie siehst du denn aus?", ruft ein Mädchen. Flupps schaut unsicher an sich herunter. Wenn ihn die Erdlinge nun umgekehrt auch hässlich finden, lassen sie ihn vielleicht nicht mitmachen. Das wäre wirklich blöd.

„Ein drittes Bein?", ruft da ein Junge. „Genial! Dich können wir bestens gebrauchen. Wir liegen gerade 0 zu 5 hinten. Machst du mit?"

Flupps atmet erleichtert auf.

„Na klar!", ruft er. Dann stürmt er mit den anderen aufs Feld. Sie schaffen es Dank Flupps 35 zu 5 zu gewinnen. Und Flupps merkt, dass Erdlinge zwar komisch aussehen, aber ansonsten genau wie Marsianer sind: fröhliche Wesen, mit denen man eine Menge Spaß haben kann. Vor allem beim Kicken.

Lese- und Lernprofi

Sinnerfassend lesen lernen – Klasse 1 bis 6

Sinnerfassend lesen zu können bildet die Grundlage für jeden Lernprozess – nur wer Texte sinngemäß versteht, ist auch in der Lage Folgeaufgaben zu lösen.

Mit dem Verbrauchsmaterial der „Lese- und Lernprofi"-Reihe wird der Erwerb von Lesekompetenz geschickt mit dem systematischen Training von Lerntechniken und Lernstrategien kombiniert: Anhand zahlreicher Übungen lernen die Schülerinnen und Schüler das sinnerfassende Lesen, indem sie Texte nicht nur durchlesen, sondern auch inhaltlich und formal bearbeiten. Sie beantworten Verständnisfragen, lösen Rätsel, finden Synonyme, suchen Reimwörter, üben logisches Denken und lernen gleichzeitig verschiedene Textsorten und Literaturgattungen kennen.

Schülerarbeitsheft Band 1
Bestell-Nr. 1406-20

Lehrerkommentar mit Lösungen Band 1
Bestell-Nr. 1406-21

Schülerarbeitsheft Band 2
Bestell-Nr. 2406-20

Lehrerkommentar mit Lösungen Band 2
Bestell-Nr. 2406-21

Schülerarbeitsheft Band 3
Bestell-Nr. 3406-20

Lehrerkommentar mit Lösungen Band 3
Bestell-Nr. 3406-21

Schülerarbeitsheft Band 4
Bestell-Nr. 4406-20

Lehrerkommentar mit Lösungen Band 4
Bestell-Nr. 4406-21

Schülerarbeitsheft Band 5
Bestell-Nr. 5406-20

Lehrerkommentar mit Lösungen Band 5
Bestell-Nr. 5406-21

Schülerarbeitsheft Band 6
Bestell-Nr. 6406-20

Lehrerkommentar mit Lösungen Band 6
Bestell-Nr. 6406-21

Lernen mit Kärtchen

Abwechslungsreiches und unkompliziertes Üben

Rechtschreibung in der Box

Lernkärtchen mit Strategie(n)

Für Klasse 3

von Rainer Iwansky, Melanie Müller-Trautmann

Rechtschreibung üben mit Kärtchen

Beim Trainieren mit diesen Kärtchen sichern die Schülerinnen und Schüler die Grundlagen der Rechtschreibung und lernen Strategien, mit deren Hilfe sie schnell entscheiden können, welches die richtige Schreibung bei einem Wort ist. Die Kärtchen sind nach den verschiedenen Strategien gegliedert.

- Silben mitsprechen
- Verlängern
- Ableiten
- Großschreibung
- Merkwörter

320 Kärtchen DIN A8
(300 Aufgabenkärtchen, 20 Blankokärtchen),
Anleitung, Aufbewahrungsbox
Bestell-Nr. 320-21

Mathe in der Box

Lernkärtchen mit Methode(n)

Für Klasse 3

von Verena Anlauf, Yvonne Kopf

Mathe üben mit Kärtchen

Mathe üben – mal nicht auf einem Arbeitsblatt oder in einem Übungsheft, sondern mit diesen Kärtchen.

Beim Arbeiten mit den Kärtchen kann sowohl die Menge als auch das Lerntempo vom Kind selbst bestimmt werden. So sollen die Schülerinnen und Schüler darin unterstützt werden, sich in punkto Lernen selbst zu organisieren und selbstständig mit den für sie selbst am besten geeigneten Methoden zu üben.

- Addition
- Subtraktion
- Multiplikation/Division
- Sachaufgaben
- Geometrie
- Beziehungen zwischen Zahlen

320 Kärtchen DIN A8
(280 Aufgabenkärtchen, 20 Methodenkärtchen,
20 Blankokärtchen), Anleitung, Aufbewahrungsbox
Bestell-Nr. 310-21

Lupe für Textspione

Die Lupe soll euch dabei helfen, die Bilder und Lagepläne im Heft genau untersuchen zu können. Damit findet ihr die Fehler und die versteckten Details noch besser. Sie ist ein wichtiges Werkzeug für Textspione.

Außerdem ist sie natürlich ein prima Lesezeichen!